Ute Westerhoff-Neuhaus

DenkArt

Gedichte

Ute Westerhoff-Neuhaus

DenkArt

Gedichte

Odenwald-Verlag

Bibliografische Information
der Deutschen Nationalbibliothek:
Die Deutsche Nationalbibliothek verzeichnet diese Publikation
in der Deutschen Nationalbibliografie; detaillierte
bibliografische Daten sind im Internet über dnb.dnb.de
abrufbar.

Titelbild und Covergestaltung: Liliane Wildner

Herausgeber, Lektorat, Satz, Layout:
edition.ODENWALD
Autoren- und Verlagsservice
Nalsbachring 11 | 64853 Otzberg
Fon | Fax: 06162 71899
edition@odenwald-verlag.de
www.odenwald-verlag.de

Verlag: BoD · Books on Demand GmbH, In de Tarpen 42,
22848 Norderstedt
Druck: Libri Plureos GmbH, Friedensallee 273,
22763 Hamburg
ISBN: 978-3-7693-1130-3

Inhalt

MENSCHEN

Als die Männer anfingen

Als die Männer
Anfingen zu spinnen
machten sie einen der ihren
Zum Gott

Gottvater
Der liebe Gott
Ein Hirngespinst
Patriarchalischer
Gesellschaften

Die kluge katholische Kirche
hatte ein Gespür für das Defizit
und räumte der Jungfrau Maria
einen breiten Bereich ein
Sie wusste, dass der leidende Mensch
eher mütterlichen Trost braucht
als väterlichen Beistand

Gott schuf die Menschen

Gott schuf die Menschen
Nach seinem Bilde
Die Menschen schufen Gott
Nach ihrem Bilde

Naja
Reinste Inzucht

Welch kindliche Hybris
Das umfassend Schöpferische
Das Allmächtige
Nicht als etwas
Völlig Andersgeartetes
Den menschlichen Verstand
Übersteigendes
Wahrzunehmen

Ein Mann gewinnt

Ein Mann gewinnt Wert und Würde,
Wenn er einen Sohn gezeugt hat.
Folglich ist es nur logisch,
Dass Gott einen Sohn hat.
Jesus ist der klügste Mensch,
Mit seiner unerhörten Forderung
"Wenn Dir einer eine runterhaut,
Halte ihm auch die andre Wange hin"!
Wollte er die Spirale der Gewalt
Anhalten.

Tränen

Ich weine
Denn es gibt kein Jenseits
Tante Irmgard
Hat keine Angst
Vorm Tod
Sie weiß
Am Himmelstor
Kommt ihr
ihre Katze entgegen
Sie macht sich
Was vor

Ich weine
Denn es gibt kein Jenseits
Die krebskranken Kinder
Die wissen
Dass sie sterben werden
Die man mit schönen
Geschichten vom Paradies
Liebevoll tröstet
Werden betrogen

Ich weine
Denn es gibt kein Jenseits
Die Mühseligen und Beladenen
Aller Jahrtausende
Die ihr Erdenleben
In der Erwartung
Der Belohnung im Himmel
Ertragen haben
Gehen leer aus

Wie wäre es
Wenn wir selbst
Zu Engeln würden
Und uns selbst
Ein Himmelreich schüfen
Die Bauanleitung
Haben wir
Unsere Wunschträume
Und das Zeug dazu auch
Wie hätten wir sonst
Solche Träume

Sonntags zuhause

Meine Schwester und ich
Krochen zu Vater ins Bett
Und sangen mit ihm
Landsknechtslieder
Mit Vorliebe
Des Geyers schwarzer Haufen
Nach dem Mittagessen
Lachten wir mit Mutter
Beim Kinderfunk
Und weinten auch manchmal
Vor Rührung

Walburga

Mein Vater musste mir immer wieder
Die Geschichte von Walburga erzählen
Sie war ein kleines Mädchen
Alle liebten sie
Eines Tages war sie verschwunden
Man suchte sie überall
Schließlich fand man sie
Im Wald. Sie schlief
Im Arm einer Bärin

TIERE

Affe

Von einem Baum
Sprang mir einmal
Ein kleiner Affe
Auf die Schulter
Das war nett
Aber als ich ihn wieder
Loswerden wollte
Wurde er frech
Er wollte nicht mehr weg

Ewald

Im Garten stand ein Baum
Im Baum war ein Nest
Im Nest ein Eichhörnchen
Mit seinen Jungen

Ein Eichkatzkind
Fiel aus dem Nest
Ein Menschenkind fand es
Nahm es mit, taufte es Ewald
Und päppelte es auf

Ewald war ein
Vorausschauendes Tier
Aus seinem Futter
Versteckte er Nüsse
In allen Blumentöpfen
Des Hauses

Im Frühjahr
Kehrte er in die Natur zurück
Er hinterließ eine kleine
Haselnussplantage

Jaguar

im Zoo von Morelos, Mexico
Stand ich vor einem Käfig
Viel zu klein und kahl
Drinnen ein junger Jaguar
Der sich an die Gitterstäbe schmiegte
Und schnurrte, laut schnurrte
Erfreut und dankbar
Für die Abwechslung
Durch die Besucherin
Vielleicht aber auch
In Erwartung von Futter

Lama

In Cuzco ging ich
auf der Avenida del Sol
Und pellte eine Mandarine
Als ich eine zarte Berührung
Auf der linken Schulter spürte
Ein Lama schob seinen Kopf herüber
Und fraß mir die Schale aus der Hand

Nasenbär

Ich trug einmal
Einen kleinen Nasenbären
Über Schulter und Rücken
Wo, wann und warum
Weiß ich nicht mehr
Es fühlte sich gut an
Für das Tierchen wohl auch

Ozelot

Im Reisebüro von La Paz
Hüpfte mir ein Ozelot
Auf den Schoß
Trotz eines lahmen Beins
Man hatte es so
Aus dem Urwald gerettet
Ich fühlte mich
Beschenkt

Mein letztes Gebet

Ich lag schon unterm Moskitonetz
Als unsere einheimischen Jäger
Noch einmal zur nächtlichen Jagd
Aufbrachen. Es kam über mich:
„Lieber Gott, mach, dass sie
Kein Ozelot schießen!"

Phobie

Mungo taufte ich Dich
Zum Schutz vor diesen
Unheimlichen Tieren
Den Schlangen
Mein Held
Mein Siegfried
Drachentöter

Mungo

Süße Ladycat

Süße Ladycat achtzehnjährig
Sanft und altersmild
Sie hat mein verlassenes Haus
Neu eingeweiht
Wieder zur Heimstatt gemacht
Das Bett mit mir geteilt
Und meine Ferien vergoldet
Ich habe sie
In mein Herz geschlossen

Ladycat und Ute

Tierfabel auf Quechua

Frau Puma fragt Herrn Puma
„Apu Puma, ima asnanki?"
(Herr Puma warum stinkst du)
"Mana asnani."
(Ich stinke nicht)
„Doch! Du kannst alle fragen."
Man trifft Vizcacha,
Den Steppenhasen und fragt.
„Ja, er stinkt" sagt der Hase.
Wusch, wusch verschwindet er
Im Rachen des Pumas.
Man begegnet Cuy,
Dem Murmeltier und fragt.
„Ja," sagt es.
Happ, Happ weg ist es.
Atoq kommt ihnen entgegen.
Man fragt ihn.
„Es tut mir leid," sagt Atoq.
„Ich kann es euch nicht sagen.
Ich habe Schnupfen
Und rieche gar nichts"
Freunde, was für ein Tier
Ist das?
Ihr kriegt's heraus

POESIE / KUNST / LITERATUR

The Chaikens

In Belarus war's
Als die Kosaken
Einem Onkel
Den Kopf abschlugen
Und die Eltern
Vater Salman
Und Mutter Celia
Mit dem kleinen Wulfa
Er war damals vier
Nach Kanada flohen
Salman war einer der Letzten
Die noch auf Jiddisch dichteten
Sein letztes Gedicht widmete er mir
Er war so gerührt
Dass ihm jemand
Aus dem fernen Deutschland
Zum achtzigsten Geburtstag
Gratulierte
Einen Tag später starb er
An der Haustür
Als sich Sohn und Schwiegertochter
Verabschiedeten

Zalman Chaiken

William Chaiken

Elke

Purple and Gold

Ilya und Zora

Wulfa Chaiken

Sollte Rabbi werden

Doch der Ruf zu Farbe und Pinsel

War stärker

Als er den Guggenheim-Preis

Gewann, konnte er nur

Als Amerikaner das Geld

In Empfang nehmen

Und er wechselte

Land und Namen

William wurde Bühnenbilder

Für Theater, Oper, Film

Auch seine Bilder sind großflächig

Sein Lieblingsthema

Die Frau in der Landschaft

Mythos der Schönheit und Fruchtbarkeit

Susanna

Ein roter Strahl

Quer über die Brust

Wie die Schärpe

Einer Schönheitskönigin

Miss America

Elke, seine Frau,
Vor einem Birkenwäldchen
An einem Teich
Filigranes Werk in Weiß und Grau
Einige Sprenkel Gelb
Ein Hauch von Blau
Eine Ahnung von Grün
Purple and Gold
Violett der ins Weiße
Spielende Hintergrund
Rechts und links
Dünne aufstrebende Stämme
In Blau, Schwarz und Gelbgrün
Rechts wenige zarte Zweige
Links etwas Blattwerk
Rechts unten
Noch im Entstehen begriffen
Eine Baumnymphe

Ilya Chaiken

Auch sie dem Sichtbaren

verpflichtet

Und mehrfach

Preisgekrönt

Ihr Werk drei Filme

Und mehrere Serien

Regie und Drehbuch

Immer aus ihrer Hand

Margarita Happy Hour

Eine Gruppe junger Frauen

Eben noch die Queens der Szene

Doch an die Kette gelegt

Durch Kleinkind und Sorgen

Trifft sich wöchentlich frohgemut

Beim Apéritif

in der Happy Hour gibt es zwei

Zum Preis von einem

Liberty Kid
Zwei junge farbige New Yorker
Betrieben einen Kiosk
Am World Trade Center
Nach 9/11 stehen sie vor dem Nichts
Und strampeln sich ab
Um über die Runden zu kommen

Der eine, er will eigentlich studieren,
Ist so verzweifelt, dass er sich
Bei der Army einschreibt
Und in den Irakkrieg gerät
Nach der Rückkehr geht's ihm
Elender als zuvor

Pretty Ugly
The Lunachicks
Eine schrille Band von Lady Punks
Unterschiedlicher könnten Filme
Nicht sein

Zora Sicher

Ilyas Tochter
Als gesuchte Fotografin
Stets weltweit
Mit offenen Augen
Unterwegs
Aber immer
Mit ihrem Mexico
Im Herzen.

Der verschwundene Autor

Juan Rulfo ist in seinem Werk
Nicht vorhanden.
Er versteckt sich
In seinen Gestalten,
Welche empfinden
Hören, sehen, sprechen
Leiden und agieren
Archetypisch sind
Personen und Situationen,
Dichte und Ambivalenz
Seiner Texte einsame Spitze!

Los Machado

Zwei Brüder

Gleich und ungleich zugleich

Gleich mit der Gabe zu dichten

Ungleich in der Gesinnung

Manuel Anhänger Francos

Antonio als Verteidiger der Republik

Ging er ins Exil

Menschenfreund

Dem Nächsten zugewandt

Sein Motto das Du

Ist wesentlich ein anderes Ich

Manuel geschichtsbewusst

Traditionstreu

Waren bei ihm

Lebensverachtung

Und Todessehnsucht

Nur andalusische Pose

Für die Bühne
Schrieben sie gemeinsam
Welcher Spaß
Sich Repliken zuzuspielen
Jahrhundertelang ihr Spanien
Prägten ihre Vorfahren
Als Amtsträger
Literaten
Wissenschaftler

Leonardo da Vinci

Begnadeter, zartestbesaiteter Künstler
Beschenkte uns nicht nur mit dem Abendmahl,
Auch noch mit weiteren Meisterwerken,
Mona Lisas Lächeln und einem rührenden Bild:
Das Jesuskind auf dem Arm seiner Mutter,
Eine Katze im Ärmchen.

Einige HAIKUS

Die Schäfchenwölkchen
Still auf der Himmelswiese
Schaut doch mal hinauf

Auf dem Pflasterstein
Zwei Kippen in Gesellschaft
Von Taubenfedern

Elster, leeres Nest
Windzerzaust auf höchstem Ast
Drunten sitze ich

So weich war sein Fell
Wie oft streichelte ich es
Doch mein Kater starb

Die Freundin ging weg
Sie verließ mich für immer
ich weine am Grab

Abendrot, ein Glas
Ganz voller rosé Merlot
Ich sitze allein

Ich frage mich oft
Was bin ich denn hier
Zurückgeblieben

Und noch einiges

Oh, Du Göttliche

mit dem Zauberstab,

Die mich in Länder und Zeiten entführt,

mich Familie und Freunde

Treffen lässt,

Glückliche Augenblicke zurückbringt,

Und Ekstasen!

Doch auch Abwehr von Demütigung,

Ängste der einsamen Wanderin.

Tränen und Schmerzen.

Mnemosyne, meine Muse,

Treuste Gefährtin auf den

Einsamen Steppen des Alters!

Sprachen

Sind die beste Schöpfung

Der Menschheit

Tore zur Welt

Portale zu Kirchen und Palästen

Pforten zu geheimen Gärten

Und heiligen Hainen

Erster August

Vor meinen Fenstern

Verwaschenes Grün

Der Baumkronen

Ein Tag ohne Sommer

Graue Dächer, grauer Himmel

Verhaltenes Grün

Ich vermisse ein Blühen

Ein Glühen

Ein Rot wie Glut und Blut